Zimmerpflanzen für Anfänger

Wie Sie die für Sie besten Pflanzen auswählen, gestalten und auch ohne grünen Daumen erfolgreich großziehen und pflegen

Katharina Reeder

INHALT

1 Pflanzen halten und pflegen – auch ohne grünen Daumen

S icherlich kennen Sie das Problem, dass Sie eine Schnittblume oder eine Pflanze in einem kleinen Topf geschenkt bekommen, welche jedoch nach wenigen Wochen oder gar Tagen die Blätter hängen lässt und schließlich abstirbt. Aber woran liegt das? In diesem Buch werden Ihnen theoretische Grundlagen zum Thema Pflanzenpflege und -haltung vorgestellt. Zudem bekommen Sie allerlei praktische Tipps und Tricks, damit auch Sie, ganz ohne grünen Daumen, Ihr Zuhause mit Pflanzen schmücken können. Wussten Sie, dass Pflanzen nicht nur zu dekorativen Zwecken verwendet werden können? Einige Pflanzen sind dazu in der Lage, Schadstoffe aus der Luft zu filtern, dadurch können sie für eine angenehme Raumluft sorgen.

Um Ihnen einige dieser lufterfrischenden und weitere Pflanzen für verschiedene Wohnräume vorzustellen, finden Sie im dritten Kapitel Pflanzenprofile. Dort werden Pflanzenarten vorgestellt, die speziell als Zimmerpflanzen für Anfänger geeignet sind. Sie bekommen zusätzlich noch Informationen zu der Pflege und der Haltung der einzelnen Arten, beispielsweise dazu, wie oft und wie viel die Pflanze gegossen werden muss und worauf bei der Haltung geachtet werden sollte. Dieses Buch hilft Ihnen, die richtige Auswahl bei der Anschaffung und Haltung einer Pflanze zu treffen, denn es ist wichtig, zu beachten, unter welchen Bedingungen eine Pflanze am besten leben und wachsen kann. So können auch Sie nach Ihren persönlichen Wünschen Ihr Zuhause mit den grünen Mitbewohnern gestalten.

2 Pflanzenbasics

2.1 AUFBAU EINER PFLANZE

Um zu verstehen, wieso einige Pflanzen mehr Wasser als andere benötigen und wieso einige Pflanzen auf der Fensterbank stehen können, während sich andere im dunkleren Flur wohler fühlen, schauen wir uns zunächst an, wie eine Pflanze aufgebaut ist und was sie zum Überleben benötigt.

Eine Pflanze ist grundsätzlich in drei Grundorgane aufgeteilt: Spross, Blatt und Wurzel. An dem Spross sitzen die Blätter, welche überwiegend für die Photosynthese zuständig sind. Zudem dient die Sprossachse dem Stofftransport zwischen Wurzel und Blatt. Die Wurzeln dienen der Verankerung im Boden und der Aufnahme von

Wasser und Mineralien. Im Gegensatz zu uns Menschen können Pflanzen ihre „Nahrung" selbst herstellen, bei diesen wird von autotrophen Pflanzen gesprochen. Es gibt auch Pflanzen, die von anderen Organismen abhängig sind. Sie leben als Parasit auf einem Wirt und zapfen dort die Stoffwechselprodukte ab, die der Parasit zum Überleben benötigt. Dazu gehören beispielsweise Sommerwurzen (*Orobranche*) und Seide, auch Teufelszwirn genannt (*Cuscuta*). In diesem Buch werden ausschließlich autotrophe Pflanzen behandelt.

Die grünen Laubblätter können Photosynthese betreiben. Dabei wird Lichtenergie in biologisch nutzbare chemische Energie in Form von Kohlenhydraten umgewandelt. Chlorophylle sind die wichtigsten Photosynthesepigmente. Sie sorgen für die grüne Färbung der Laubblätter. Chlorophyll und einige andere Begleitfarbstoffe, wie beispielsweise Carotinoide und Phycobiline, sind für die Absorption des Lichts zuständig. Diese Lichtenergie wird genutzt, um aus Kohlenstoffdioxid (CO_2) und Wasser (H_2O) Sauerstoff (O_2) und Kohlenhydrate zu gewinnen. Der Sauerstoff wird als Abfallprodukt an die Umwelt abgegeben. Die Kohlenhydrate können weiterverarbeitet oder als

Energiequelle für das Wachstum der Pflanze genutzt werden.

Wie wir Menschen haben auch andere Organismen einen geregelten Wasserhaushalt. Dieser Wasserhaushalt ist ausgeglichen, wenn die Wasseraufnahme gleich der Menge der Wasserabgabe ist. Menschen verlieren Wasser beispielsweise durch Schwitzen bei sportlichen Aktivitäten, die Wasseraufnahme folgt dann durch Trinken von Flüssigkeiten. Pflanzen können zwar nicht trinken, aber im Prinzip sieht die Regulierung des Wasserhaushaltes ähnlich aus. Ist die Umgebungsluft nicht mit Wasser gesättigt, so transpiriert die Pflanze Wasser über alle Grenzflächen zur Luft, das sind vor allem die Sprossachse und die Blätter. Bei der Transpiration (Verdunstung) geht Wasser von der flüssigen in die gasförmige Phase über. Es muss demnach ein Konzentrationsgefälle zwischen der Konzentration des gelösten Wassers in der Luft und dem Wassergehalt der Pflanze geben, damit Transpiration stattfinden kann.

Gibt die Pflanze aufgrund dieses Konzentrationsgradienten Wasser ab, wird neues Wasser über die Wurzeln aufgenommen, damit der

Wasserhaushalt der Pflanze ausgeglichen bleibt. Der Ferntransport des Wassers von der Wurzel zu den transpirierenden Orten erfolgt über das Xylem. Das Xylem ist ein röhrenförmiges Leitgewebe mit einer speziell verdickten Zellwand, die der Stabilität, auch bei hohem Wasserdruck, dient. Wachsende sowie blühende Pflanzen benötigen i. d. R. mehr Wasser, da sie für die Umsetzung von Energie Wasser benötigen. Bei längerem Wassermangel kommt es zunächst dazu, dass die Blätter erschlaffen und häufig an Farbe verlieren, da den Zellen Wasser fehlt und dadurch weniger Stabilität vorhanden ist. Kann sich die Pflanze nicht von dem Mangel erholen, stirbt sie schließlich ab, sie „verdurstet", ähnlich wie ein Mensch es tun würde bei starkem Flüssigkeitsmangel.

Verschiedene Pflanzen haben unterschiedlich hohe Wasserhaushalte, wie hoch genau der Wasserhaushalt ist, hängt mit vielen Faktoren zusammen. Unter anderem ist es entscheidend, ob die Pflanze viel oder wenig Sonnenlicht abbekommt, ob sie sich in der Wachstums- oder Blütephase befindet und wo die Pflanze in der Natur heimisch ist. So benötigen beispielsweise tropische Pflanzen viel Wasser, da sie in natürlichen Verhältnissen täglich durch den Regen gewässert werden. Eine mittlere Birke kann beispielsweise bis zu 400 Liter Wasser am Tag transpirieren (vgl. Jäger, et al. 2014, S. 418). Einige Pflanzen bilden in der Natur bei längeren Trockenphasen tiefer reichende Wurzeln aus oder verdicken die Außenwände der Zellen, damit weniger Transpiration stattfinden kann. Die sogenannten sukkulenten Pflanzen besitzen ein ausgeprägtes Speicherungsgewebe, in dem Wasser und Nährstoffe gespeichert werden können. Dieses Gewebe kann in einem oder mehreren der drei Grundorgane vorkommen. Bei den Kakteengewächsen (Cactaceae) ist das Speichergewebe vor allem in der Sprossachse vorzufinden. Bei Agaven findet die Wasser- und Nährstoffspeicherung in den Blättern statt, es wird von Blattsukkulenz gesprochen. In Kapitel 3.5 werden einige Sukkulenten vorgestellt, die sich als Zimmerpflanzen eignen.

Neben dem Wasserhaushalt variiert auch der Bedarf an Sonnenlicht von Pflanze zu Pflanze. Dabei kann in Schatten- und Sonnentypen unterschieden werden. Schatten- oder Schwachlichttypen benötigen nur ca. 0,5 bis 1 % des gesamten Tageslichts, um ihr Maximum an Photosynthese zu erreichen (vgl. Jäger, et al. 2014, S.395). Bei typischen Starklichtpflanzen steigt die photosynthetische Aktivität mit der Zunahme der Lichtintensität, d. h., je mehr Licht die Pflanze bekommt, desto mehr Photosynthese wird betrieben. Schattenpflanzen können mit einer geringen photosynthetischen Aktivität überleben, zu diesen gehört beispielsweise Waldsauerklee (*Oxalis acetosella*). Eine Strahlungsintensität über das Maß hinaus, an das Pflanzen angepasst sind, kann zu irreversiblen Schäden führen. Die Chlorophylle, die für die Absorption der Lichtenergie zuständig sind, können durch eine zu hohe Lichtintensität zerstört werden. Ein typisches Zeichen dafür ist das Ausbleichen oder die Gelbfärbung der Blätter. Darüber hinaus können durch zu hohe Lichtenergie Enzyme und Proteine zerstört werden, die essenziell für das Überleben der Pflanze sind.

Den richtigen Platz in der Wohnung für die grünen Mitbewohner zu finden ist wichtig, da die Pflanzen genug Sonnenenergie benötigen, um zu wachsen und zu überleben. Gleichzeitig müssen sie vor zu viel Sonneneinstrahlung geschützt werden, damit keine Schäden entstehen. Am hilfreichsten ist es, sich dabei an den natürlichen

Lebensbedingungen der Pflanze zu orientieren, d.
h., sich darüber zu informieren, wo die Pflanze beheimatet ist und wie dort die entsprechenden
Wetterverhältnisse sind. Bei zu niedrigem Lichteinfall wachsen Pflanzen häufig schief, da sie versuchen, in Richtung Sonne zu wachsen. Um dem
vorzubeugen, kann der Topf ca. einmal im Monat
gedreht werden. Auf Pflanzenetiketten, die typi-
scherweise an der Unterseite des Topfes befestigt
sind, stehen häufig folgende Begriffe: direktes,
helles oder gefiltertes Licht, Halbschatten und
Schatten. Direktes Licht bedeutet, dass die Pflanze
gerne ganztägig im Sonnenlicht steht, dafür bieten
sich beispielsweise Wintergärten oder ein Balkon
an. Von hellem oder gefiltertem Licht wird gesprochen, wenn Sonnenlicht beispielsweise durch
eine Gardine oder eine verdunkelte Scheibe auf
die Pflanze fällt.

Viele Grünpflanzen, wie die Grünlilie (siehe
S. 69), fühlen sich im Halbschatten wohl. Das bedeutet, dass sie an einem hellen Platz stehen sollten, beispielsweise auf einem Regal oder einem
Tisch, worauf kein direktes Sonnenlicht scheint.
Einige Pflanzen können auch ohne direkten Lichteinfall überleben, sie werden daher auch als

Schatten- oder Schwachlichttypen bezeichnet. Die Bunte Pfeilwurz (siehe S. 58) ist ein Beispiel für eine Schwachlichtpflanze, welche in weniger gut belichteten Zimmern gehalten werden kann. Hell gestrichene Möbel und Wände können Licht reflektieren und den Raum so aufhellen. Damit die Pflanze das zur Verfügung stehende Licht besonders gut absorbieren kann, sollten die Blätter, vor allem bei Pflanzen mit sehr großen Blättern, regelmäßig, das heißt alle 2-3 Wochen, abgestaubt oder mit einem feuchten Tuch abgewischt werden, da der Staub die Lichtabsorption verringern kann. In den Pflanzenprofilen in Kapitel 3 werden geeigneter Standort und passende Lichtintensität der Arten aufgeführt.

2.1.1 Gießen

Der häufigste Grund für das Sterben von Zimmerpflanzen ist das falsche Gießen. Wird der Pflanze zu viel Wasser gegeben, kann sie faulen oder gar ertrinken. Wird sie zu wenig gegossen, kann es zum Wassermangel kommen, was zu Wachstumseinschränkung, Blattverfärbung und -verlust und schließlich zum Verdursten der Pflanze führen kann. Wie viel und wie oft eine Pflanze gegossen werden sollte, ist von verschiedenen Faktoren abhängig. Wie bereits in Kapitel 2.1 erwähnt, spielen Herkunft, Größe und Alter der Pflanze, Lichtintensität, Temperatur und Blütezeit eine wichtige Rolle. Bereits vor dem Kauf sollten Sie sich über die Bedürfnisse der Pflanze informieren oder sich vor Ort, beispielsweise in einem Fachhandel, beraten lassen. Wenn Sie bereits Zimmerpflanzen besitzen, können Sie mit einigen einfachen Tricks schauen, ob Ihre Pflanze unter Wassermangel oder -überschuss leidet.

Ein Wassermangel zeigt sich in den meisten Fällen durch schlaff gewordene oder zusammengedrehte Blätter und Stängel. Um Wurzel und Stängel zu schützen, verwelken die Blätter zuerst, damit weniger Wasser verbraucht wird. Jedoch müssen Sie die Pflanze nicht sofort mit Wasser überschütten, sobald einige wenige Blätter verwelken. Wenn sich die Pflanze in der Wachstumsphase oder der Blütezeit befindet, ist es vollkommen normal, dass einige Blätter absterben, damit die Energie für die neu heranreifenden Blätter genutzt werden kann. Wie Sie verwelkte Blüten und

Blätter bestmöglich entfernen, erfahren Sie in Kapitel 2.4.

Fällt Ihnen ein Wassermangel an Ihrer Pflanze auf, sollten Sie mehrere Male am Tag, für etwa 3 bis 4 Tage, die Oberfläche der Erde bewässern. Wenn das Substrat stark ausgetrocknet ist, benötigt es längere Zeit, um Wasser aufnehmen zu können. Deswegen ist es wichtig, mehrere Male kleinere Mengen Wasser zu gießen, anstatt nach einer Trockenzeit einmalig eine große Menge Wasser auf die Erde zu geben. Wenn Sie keine Verbesserung sehen, sollte etwas großzügiger gegossen werden. Stellen Sie zudem sicher, dass die Pflanze an einem geeigneten Platz steht.

Ob sich die Pflanze erholt hat, erkennen Sie am besten daran, dass die Blätter wieder straffer sind und die ursprüngliche Form und Farbe annehmen. Falls weiterhin keinerlei Besserung zu beobachten ist, kann die Pflanze irreversible Schäden durch die Vertrocknung erlitten haben und ist dann möglicherweise nicht mehr zu retten. Krankheiten und Parasiten können ähnliche Symptome bei der Pflanze hervorrufen, diese werden in Kapitel 2.4.1 besprochen. Ist eine Pflanze überwässert, kann sie kein Wasser und keine Mineralien mehr aufnehmen, wodurch die Pflanze innerhalb kurzer Zeit abstirbt. Typische Merkmale für die Überwässerung einer Pflanze ist die Hellfärbung der Blätter. Auch hellere (meist gelbliche oder braune) Flecken auf den Blättern können ein Hinweis auf einen Überschuss an Wasser sein. Häufig können Schimmel und Algen an der Erdoberfläche oder an den Stielen auftreten. In diesem Fall sollte die Pflanze für einige Zeit nicht mehr gegossen werden, bis einige Zentimeter der oberen Bodenschicht angetrocknet sind. Die Wassermenge, die gegossen wird, sollte verringert werden oder es sollte mit der gleichen Menge an Wasser seltener gegossen werden. Riecht die Pflanze bereits unangenehm nach Verfaulung, müssen die betroffenen Stellen im Wurzelsystem entfernt werden. Dafür sollte die Pflanze umgetopft werden. Sie können sich zusätzlich, wenn gewünscht, Hilfe bei einem Fachhandel holen. Einige Tipps und Tricks zur Vermeidung von Überwässerung finden Sie im Kapitel 2.3.

Es gibt unterschiedliche Arten, wie eine Pflanze gegossen werden kann. Die wohl einfachste Methode ist das Gießen von oben, das sich für die meisten Pflanzen eignet. Dabei sollte mit einer Gießkanne das Wasser nicht direkt über die Pflanze gegossen werden, da einige Pflanzen es nicht gut vertragen, wenn das Wasser direkt über die Blüten und Blätter läuft. Daher bietet es sich an, das Wasser direkt auf das Substrat zu geben, so kann es durch die Schwerkraft nach unten sickern und so die Erde gleichmäßig durchfeuchten. Einige Pflanzen sollten von unten gegossen werden, da sie leicht faulen können oder sich das Gießen von oben schwierig darstellt, etwa wegen ihrer dicht stehenden Blätter, beispielsweise bei der Echeverie (siehe S. 66). Die richtige Topfwahl spielt dabei eine wichtige Rolle. Es sollte sich um einen Topf handeln, der an der Unterseite Löcher hat. So wird es möglich, den Topf in eine tiefe Schale mit Wasser gefüllt zu stellen, sodass die Wurzeln von unten gewässert werden. Der Topf sollte etwa 20 Minuten im Wasser stehen, so hat die Erde genügend Zeit, um einen Großteil des Wassers aufzunehmen. Das restliche Wasser kann ausgeschüttet werden. Je nach Pflanze sollte diese Prozedur unterschiedlich häufig durchgeführt werden.

Pflanzen, bei denen aufgrund des Substrates nicht gut erkennbar ist, ob Wasserbedarf besteht, können einmal wöchentlich für etwa 10 Minuten in eine Schale mit lauwarmem Wasser getaucht werden. Danach wird die Pflanze zum Abtropfen zur Seite gestellt, bevor sie wieder an den ursprünglichen Platz zurückgestellt werden kann. Da das Tauchen und Abtropfen von Pflanzen recht viel Fingerspitzengefühl benötigt und es schnell zu Wassermangel oder Überbewässerung kommen kann, werden in diesem Buch keine Zimmerpflanzen vorgestellt, die mit dieser Methode gegossen werden sollten.

Sollten Sie mal für mehrere Tage im Urlaub oder anderweitig nicht zu Hause sein, gibt es einige Möglichkeiten, wie Sie Ihre Pflanzen mit Wasser versorgen können. Wer einen Nachbarn oder Bekannten beauftragen möchte, die Pflanzen zu bewässern, sollte einen detaillierten Plan aufstellen, in dem steht, wann und wie viel die einzelnen Pflanzen gegossen werden sollten. Das gilt vor allem dann, wenn Sie mehrere Wochen unterwegs sind. Wer circa 7-10 Tage in den Urlaub fährt, kann sich überlegen, eine Kapillarbewässerung aufzubauen. Dazu wird ein Waschbecken mit Wasser befüllt. Neben das Waschbecken werden die Pflanzen auf ein nasses Handtuch gestellt.

Noch besser eignet sich für diese Methode eine Bewässerungsmatte, die im entsprechenden Fachhandel gekauft werden kann. Es ist wichtig, dass das Handtuch auf einer Seite bis zum Spülbeckenboden im Wasser hängt. Die Pflanzen sollten in Pflanzentöpfen platziert sein, damit das Substrat durch die Löcher von unten direkt Wasser aufnehmen kann (siehe S. 22f.). Das Handtuch zieht das Wasser aus dem Spülbecken nach, sodass eine längere Wasserversorgung garantiert ist. Die Methode sollte vor Abreise bereits getestet worden sein, damit Sie abschätzen können, wie lange das Wasser in dem Spülbecken zur Bewässerung genügt. Falls Austrittsmöglichkeiten für das Wasser bestehen, beispielsweise durch einen undichten Stöpsel, sollten diese behoben werden.

Kann die Pflanze nicht an ein Spülbecken gestellt werden, da die entsprechenden Lichtverhältnisse dort nicht geeignet sind, können Sie ein Dochtsystem aufstellen. Bei dem Dochtsystem wird eine Schale mit Wasser neben die Pflanze gestellt, in diese wird ein sogenannter Docht gehängt. Das kann ein Streifen aus alter Kleidung, Kunstseide, Filz oder ein Baumwollseil sein. Das andere Ende des Streifens wird in das Substrat gelegt. Am besten funktioniert diese Methode, wenn der Docht einige Zentimeter in das Substrat eingegraben wird, damit das durch den Docht übertragene Wasser einen möglichst kurzen Weg zu den Wurzeln zurücklegen muss.

Zudem gibt es automatische Bewässerungs-systeme, die ähnlich wie ein Dochtsystem funkti-onieren. Diese können im Fachhandel oder online gekauft werden. Vorteil bei solchen Bewässe-rungssystemen ist, dass Sie selbst, je nach Bedürf-nis der Pflanze, einstellen können, wann und wie viel die Pflanze bewässert werden soll. So können Sie sicherstellen, dass die Pflanzen in der richtigen Menge gegossen werden, wenn Sie mal über einen längeren Zeitraum nicht zu Hause sind.

2.2 TEMPERATUR UND LUFTFEUCHTIGKEIT

Neben der Bewässerung über die Erde einer Zim-merpflanze spielen auch die Umgebungstempera-tur sowie die Luftfeuchtigkeit eine zentrale Rolle. Wie alle chemischen Reaktionen sind auch Stoff-wechselvorgänge temperaturabhängig, das liegt vor allem an der Aktivität der Enzyme und

Proteine. Bei niedrigeren Temperaturen arbeiten sie langsamer, bei zu hohen Temperaturen können sie kaputtgehen. Die meisten Pflanzen sind an eine Temperaturdifferenz von Nacht und Tag angepasst, man spricht dabei von Thermoperiodismus. Verschiedene Pflanzenarten sind je nach ihrer Herkunft auf unterschiedliche Temperaturen angepasst. Tropische und Wüstenpflanzen vertragen die Hitze besonders gut. Die höchste Hitzeresistenz liegt bei etwa 50-55 °C. Kakteen beispielsweise können eine maximale Temperatur von bis zu 60 °C überleben (Kadereit, et al. 2014, S. 766). Sie haben besondere Methoden, um ihren Wasserhaushalt zu kontrollieren, damit sie auch bei langen Trockenperioden oder starker Hitze genügend Wasser zum Überleben in Reserve haben.

Während Hitzeperioden ist das häufigste Problem, dass die Pflanzen aufgrund des Konzentrationsgradienten von Wasser weiterhin transpirieren, aber kein oder nicht mehr ausreichend Wasser dem Boden entziehen können. Andere Arten, wie beispielsweise Agaven (siehe S. 63), kommen im Winter mit Temperaturen von unter 10 °C zurecht. In kälteren Gegenden haben Pflanzen verschiedene Methoden zur Frost- und

Gefrierresistenz entwickelt, beispielsweise das verzögerte Einsetzen von Eisbildung durch das Fehlen von Kristallisationskeimen. Die Temperaturverträglichkeit hängt auch davon ab, wie ausgereift das Gewebe der Pflanze ist. Eine sehr junge Pflanze verträgt weniger Hitze und Kälte als eine ausgewachsene Pflanze. Die in diesem Buch vorgestellten Zimmerpflanzen fühlen sich in einem Bereich von 16 °C bis 25 °C am wohlsten. Abweichungen und Besonderheiten werden bei den einzelnen Arten erwähnt.

Ein weiterer wichtiger Faktor für die Entwicklung einer Pflanze ist die Luftfeuchtigkeit. Die Luftfeuchtigkeit ist die prozentuale Menge an Wasser, die in der Luft gelöst ist. Wie bereits in Kapitel 2.1 besprochen, muss ein Konzentrationsgradient zwischen dem gelösten Wasser in der Luft und der Konzentration des Wassers in der Pflanze bestehen, damit die Pflanze transpirieren kann. Neben der Transpiration kann eine Pflanze Wasser auch über Guttation abgeben. Dabei wird Wasser in flüssiger Tropfenform (meist) über die Blätter ausgeschieden. Die Guttation tritt vor allem bei einer hohen Luftfeuchtigkeit auf, wenn der Konzentrationsgradient zwischen dem Wasser in der Pflanze und der Außenluft zu gering ist. Für die Guttation sind sogenannte Hydrathoden zuständig, diese sorgen für einen Unterdruck in der Pflanze, durch welchen Wasser von den Wurzeln bis in die Blätter transportiert werden kann. Diese Hydrathoden sind besonders ausgeprägt bei Pflanzen, die in tropischen Klimazonen beheimatet sind. Sie vertragen trockene Luft eher weniger. Pflanzen aus trockenen Klimazonen können schnell faulen, wenn die Luftfeuchtigkeit zu hoch ist.

Zum Erhöhen der Luftfeuchtigkeit für Pflanzen, die normalerweise in einer tropisch-feuchten Zone beheimatet sind, bietet es sich an, die Blätter und den Stamm regelmäßig mit Wasser einzusprühen. Zudem kann der Topf auf einen Untersatz, der mit Steinen gefüllt ist, gesetzt werden. Dieser sollte etwa den Durchmesser der Pflanze haben. Der Untersatz wird mit Wasser befüllt, sodass das daraus verdunstende Wasser die Blätter der Pflanze erreicht. Tropische Pflanzen fühlen sich besonders wohl in Badezimmern und Küchen, solange die benötigten Lichtverhältnisse gegeben sind. Durch das Kochen und Duschen/Waschen entsteht Wasserdampf, weswegen die

Luftfeuchtigkeit auch bei regelmäßigem Durchlüften in diesen Räumen häufig etwas höher als in anderen Wohnräumen ist. Einige Pflanzen, die für Küche und Bad geeignet sind, finden Sie unter Kapitel 3.2.

2.3 DER RICHTIGE TOPF

Je nach Pflanze eignen sich unterschiedliche Töpfe und Substrate. Töpfe spielen zudem auch eine wichtige dekorative Rolle, da sie in den unterschiedlichsten Formen und Farben erhältlich sind. Dabei kann in verschiedene Topftypen unterschieden werden: Pflanzentopf, Übertopf und Kübel. Pflanzen werden meist in einem Pflanzentopf verkauft. Diese sind meist rötlich-braun oder schwarz. An der Unterseite besitzen sie einige Löcher, aus welchen überschüssiges Gießwasser abfließen kann. Es bietet sich an, die Pflanzen in diesem Topf zu lassen und dann für die dekorativen Zwecke einen Übertopf zu kaufen. In diesen Übertopf wird der Pflanzentopf mitsamt Pflanze reingestellt. Der Pflanzentopf sollte nur minimal kleiner als der Übertopf sein. Es ist darauf zu achten, dass der Übertopf wasserdicht ist und keine

Abzugslöcher an der Unterseite besitzt. In diesen Übertopf kann das überschüssige Gießwasser ablaufen. Farbe und Form des Übertopfes können dann nach Vorlieben gewählt werden. Von Pflanzen, die direkt in einen Übertopf gepflanzt sind, ist abzuraten, da es für das Wasser keine Möglichkeit zum Ablaufen gibt, so können schneller Schimmel und Fäulnis an den Wurzeln entstehen. Größere und weniger empfindliche Pflanzen, die sich beispielsweise auch im (Winter-) Garten wohlfühlen, können in Kübeln gehalten werden.

Diese können aus den verschiedensten Materialien, wie Holz, Kunststoff, Beton oder Stahl, gefertigt sein. Pflanzenkübel haben (meist) keine Abzugslöcher, das stellt bei der passenden Kübelgröße jedoch kein Problem dar. Kübelpflanzen werden häufig als Dekoration für Terrasse, Garten oder Hof verwendet, da sie recht unkompliziert sind und i. d. R. vom Regen gegossen werden. Wenn Pflanzen größer werden, wächst die Wurzelmasse bis zu dem Punkt, an dem die Wurzeln den größten Teil des Topfes einnehmen. Wenn gewünscht ist, dass die Pflanze weiterhin wächst, muss sie in einen größeren Topf umgetopft werden. Dieser sollte einen 2-3 cm größeren Durchmesser haben als der alte Topf.

Neben dem richtigen Topf spielt auch das Substrat, in dem die Pflanze wächst, eine wichtige Rolle. Den meisten Zimmerpflanzen reicht ein handelsübliches Universalsubstrat, wie Blumenerde. Für Pflanzen mit besonderen Ansprüchen gibt es Spezialsubstrate, wie zum Beispiel Grobsubstrate für Orchideen. Die in diesem Buch vorgestellten Pflanzen sind geeignet für einfache Blumenerde. Um Staunässe zu verhindern, kann etwas Kies in die Erde eingearbeitet werden.

Die Steine sorgen dafür, dass die Erde etwas aufgelockert ist und dadurch Wasser besser ablaufen kann. Wenn gewünscht, kann für dekorative Zwecke eine Mulchschicht zum Schluss auf die Erde gelegt werden, auch kleine Kieselsteine sind hier möglich. Das jedoch erschwert das Überprüfen der Feuchtigkeit des Substrates. Als Faustregel können Sie sich merken, dass sich das Substrat von der Oberfläche aus niemals mehr als 5 cm nach unten trocken anfühlen darf, da die Pflanze sonst nicht mehr genug Flüssigkeit aus der Erde ziehen kann. Bei sehr kleinen Töpfen sollten es weniger Zentimeter sein.

Regelmäßiges Düngen tut den Pflanzen gut, ist jedoch nicht unbedingt notwendig bei den in diesem Buch vorgestellten Arten. Wer jedoch sicherstellen will, dass seine Pflanze genug Nährstoffe erhält, kann zu verschiedenen Düngungsmethoden greifen. Beim Umtopfen einer Pflanze bietet es sich an, einen Langzeitdünger in Form von Granulat oder Düngerstäbchen in das Substrat einzuarbeiten. Dies kann die Pflanze über einen langen Zeitraum mit Nährstoffen versorgen. Wer seine Pflanze nicht umtopfen möchte, kann Flüssigdünger oder pulverförmigen Dünger in das Gießwasser mischen.

Dafür eignet sich in den meisten Fällen ein Universaldünger. Nur wenige Pflanzen, beispielsweise Orchideen, benötigen einen Spezialdünger. Der Dünger kann, je nach Bedarf der Pflanze, in vorgeschriebener Verdünnung verwendet werden. Informieren Sie sich vor dem Gebrauch eines Düngers darüber, wie viel und wie oft die Pflanze gedüngt werden muss. Einige Pflanzen vertragen keinen Dünger, wegen Übersäuerung und eines zu hohen Nährstoffgehaltes in der Erde. Die in diesem Buch vorgestellten Arten müssen nicht gedüngt werden.

2.4 PFLANZENPFLEGE

Die meisten Menschen stellen sich das Halten und Pflegen von Pflanzen ausgesprochen einfach vor. Ab und zu mal ein bisschen Wasser auf die Erde geben und das war's. Vielen fällt nicht einmal auf, dass ihre Pflanze an Wassermangel oder -überschuss leidet oder sie gar von einem Parasiten befallen ist. Zudem gibt es auch einige andere Dinge, wie Krankheiten und Schädlinge, die bei der Pflege beachtet werden sollten. Damit Sie möglichst lange mit Ihrer Pflanze zusammenleben können, werden Ihnen hier einige einfache Anwendungen vorgestellt, mit denen Sie sicherstellen können, dass es Ihrer Pflanze, mit möglichst wenig Aufwand, gut geht.

Bereits beim Kauf einer Pflanze können Sie auf einige Dinge achten, um zu vermeiden, dass Sie sich eine Pflanze anschaffen, die bereits krank oder mit Schädlingen befallen ist. Wenn Sie sich eine bestimmte Art anschaffen möchten, bietet es sich an, in mehrere Fachgeschäfte zu gehen und die Pflanzen miteinander zu vergleichen. Sie sollten sich keine Pflanze zulegen, nur weil deren Preis reduziert ist. Häufig handelt es sich dabei um

Exemplare, die bereits krank sind oder schon mal krank waren. Für Anfänger eignen sich am besten ausgewachsene gesunde Pflanzen, da junge Pflanzen oft zusätzliche Pflege benötigen. Blühende Pflanzen sollten möglichst viele große Knospen tragen, damit sie auch nach dem Kauf noch einige Zeit etwas von der Blütezeit haben. Die bereits offenen Blüten welken meist nach kurzer Zeit ab. Junge Triebe und Äste deuten auf eine gesunde Pflanze hin, die sich noch im Wachstum befindet. Fehlt einer Pflanze Wasser, Licht oder ist sie von Schädlingen befallen, ist in den meisten Fällen das Wachstum eingeschränkt.

Das Aussehen und die Form der Blätter sind ein guter Hinweis auf die Gesundheit der Pflanze. Schauen Sie sich zunächst online oder in Büchern Bilder von der Art an, um herauszufinden, wie Farbe und Form der Blätter aussehen sollten. Sind die Blätter im Fachhandel heller oder dunkler als auf dem Bild oder hängen sie bereits schlaff runter oder weisen eine matte Farbe auf, können das Hinweise auf eine falsche Bewässerung oder eine Krankheit sein. Von dem Kauf einer solchen Pflanze sollte abgesehen werden. Auf der Unterseite der Blätter und an Blüten können Pilze und andere Schädlinge besonders gut erkannt werden. Diese zeigen sich beispielsweise als schwarze oder weiße Punkte und Flecken. Falls Sie eine betroffene Pflanze entdecken, sollten Sie auch die danebenstehenden Pflanzen nicht kaufen, auch wenn diese noch keine Symptome für einen Befall aufweisen. Auch der Topf und das Substrat sollte auf Insekten und Ähnliches überprüft werden. Viele Insektenlarven befinden sich unter der Erde und fressen dort die Wurzeln der Pflanze an.

Schauen Sie sich auch die Unterseite des Pflanzentopfes an. Wenn dort die Wurzeln bereits aus den Bodenlöchern herauswachsen, ist dies ein Zeichen dafür, dass der Topf zu klein ist und die Pflanze bald umgetopft werden muss. Dabei können Sie auch überprüfen, wie feucht das Substrat ist. Bröselt die Erde bereits aus der Unterseite des Topfes heraus, ist dies ein Zeichen dafür, dass die Pflanze zu wenig gegossen wird, dadurch können im Wurzelbereich bereits Schäden entstanden sein. Tropft beim Anheben des Topfes Wasser aus, ist das ein Hinweis auf Überwässerung. Haben Sie sich dann für eine gesunde Pflanze, die Ihrem Geschmack entspricht, entschieden, steht der Transport an. Vor allem bei Temperaturen unter 18 °C sollte die Pflanze eingepackt werden. Dafür eignen sich Kartons, diese sorgen zudem für zusätzliche Stabilität im Transportwagen. Darüber hinaus kann die Pflanze vorsichtig mit Zeitungspapier oder Noppenfolie umwickelt werden. Das sorgt für Isolierungsschutz vor der Kälte. Der Topf sollte so stabilisiert sein, dass während der Fahrt keine Umfallgefahr besteht. Die langen Zweige und Äste sollten nach oben zusammengebunden werden, damit sie bei der Fahrt nicht abbrechen. Generell ist es empfehlenswert, sich neue Pflanzen im Frühjahr anzuschaffen, wenn die Temperaturen wieder ansteigen und die Sonne häufiger scheint, damit die neuen Mitbewohner den Umzug gut überstehen.

Gut gepflegte Pflanzen wachsen oft schnell. Dabei kommt es manchmal dazu, dass Zweige und Blätter nicht in der gewünschten Form wachsen. Vielleicht haben Sie schon mal einen Stab in einem Tomatenbeet gesehen. Dieser ist dafür zuständig, dass die Tomatenpflanze in die Höhe wächst. Dabei benötigt sie etwas, an dem sie sich mit ihren Ästen festhalten kann, daher der Stab. Das sogenannte Fensterblatt (siehe S. 49) kann sehr große Blätter entwickeln, die durch die Schwerkraft zur

Seite wachsen oder nach unten hängen. Um dem entgegenzuwirken, kann ein Stab in der Mitte des Topfes in das Substrat gesteckt werden. Als Stab bietet sich beispielsweise ein Moos-, Bambus- oder ein einfacher Holzstab an. Die Triebe der Pflanze können mit einer Gartenschnur (z. B. aus Jute) an dem Stab befestigt werden. Dabei sollte darauf geachtet werden, dass die Zweige möglichst gerade an den Stab gebunden und nicht geknickt werden, da sie leicht brechen. Kletterpflanzen, wie die Goldene Efeutute (siehe S. 71), können in beliebigen Formen wachsen. So können Sie beispielsweise Balken, Geländer oder Regale mit ihnen schmücken, dafür müssen Sie die Pflanze an einen geeigneten Ort setzen und die Triebe an der gewünschten Stelle, an der sie hoch- oder entlangwachsen sollen, festbinden. Nach einiger Zeit wird die Pflanze von selbst an der entsprechenden Halterung entlangklettern. Achten Sie darauf, dass die Schnur nicht zu eng um die Pflanze geschnürt ist, damit keine Schäden am Pflanzengewebe entstehen.

Welke Blätter und Blüten sollen abgeschnitten werden, bevor sie fallen. Wenn sie auf das Substrat fallen, entfernen Sie die verwelkten Blätter schnellstmöglich, da es sonst zu Schimmelbildung kommen kann. Sie sollten die Blätter auf keinen Fall einfach abreißen, da es zu Schäden am Gewebe der Sprossachse oder am Ast kommen kann. Wenn das Blatt oder die Blüte mit einer geeigneten Schere, deren Klingen möglichst scharf sind, abgeschnitten wird, werden nur wenige Pflanzenzellen beschädigt, sodass die Pflanze zur Heilung der Wunde weniger Energie benötigt. Blüten sollten inklusive des Blütenstiels abgeschnitten werden, da das die Neubildung neuer Knospen fördert. Ist nur der Rand eines Blattes verwelkt, beispielsweise in Folge von falschem Lichteinfall, kann der Blattrand in Form des Blattes abgeschnitten werden. Versuchen Sie dabei, möglichst wenig von dem grünen Blattteil wegzuschneiden, damit die gesunden Zellen erhalten bleiben.

2.4.1 Krankheiten und Schädlinge

Pflanzenkrankheiten werden durch sogenannte Pathogene (Krankheitserreger) ausgelöst, dabei handelt es sich um Mikroorganismen (Bakterien, Pilze) und auch Viren. Pflanzenfresser (Herbivore), die für Schäden an einer Pflanze verantwortlich sind, werden als Schädlinge bezeichnet. Es wird geschätzt, dass es für jede Pflanzenart 100 verschiedene Pathogene gibt (Kadereit et al. 2014, S. 489). Einige Pathogene befallen nur einzelne Arten, während andere eine hohe Anzahl an Arten haben, die sie angreifen. Die größte Gruppe der Pathogene stellen Pilze dar. Vielen Menschen ist es nicht bewusst, dass Pilze nicht zum Reich der Pflanzen gehören, sondern ein eigenes Reich darstellen. Pilze können sich über verschiedene Mechanismen an eine Pflanze (z. B. über die Wurzel) haften und dadurch an die überlebenswichtigen Nährstoffe der Pflanzen gelangen. Bakterien dringen meist durch Wunden oder kleinere Öffnungen in die Pflanze ein. Sie können u. a. für Blattvergilbungen und Wachstumsstörungen sorgen. Viren können ebenfalls über Wunden in die Pflanze eindringen oder von Insekten übertragen werden. Vor allem in der Agrarwissenschaft spielen Pflanzenviren eine bedeutende Rolle, da sie für wirtschaftliche Schäden im Anbau von Nutzpflanzen (z. B. Kartoffeln, Karotten) verantwortlich sind.

Als Abwehrreaktion kann die Pflanze sehr lokalspezifisch Zellen abtöten, damit die

Verbreitung der entsprechenden Pathogenen gestoppt wird, so wird auch das angreifende Pathogen abgetötet. Das ist jedoch nur solange möglich, wie das Pathogen sich nur in einem kleinen Bereich der Pflanze ausgebreitet hat. Einige Pathogene können spezifisch durch Enzyme oder Proteine abgetötet werden. Zudem besitzt jede Pflanze eine allgemeine Pathogenabwehr.

Zur Herbivorabwehr haben unterschiedliche Pflanzen verschiedene strukturelle und chemische Barrieren entwickelt. Zu den strukturellen Barrieren gehören beispielsweise Dornen, Stacheln und stabile, widerstandsfähige Zellwände. Chemische Barrieren dienen dem Fraßschutz. Bitterstoffe, Giftstoffe und Schreckstoffe, die in den Pflanzenzellen und -säften enthalten sind, verschrecken Fressfeinde.

Wie Sie nun schon erfahren haben, gibt es ausgesprochen viele verschiedene Krankheiten und Schädlinge, von denen Pflanzen betroffen sein können. Im Folgenden wird nur auf die am häufigsten auftretenden Symptome und Behandlungen eingegangen. Besteht Verdacht auf eine Pflanzenkrankheit oder einen Schädlingsbefall, können

Sie sich Beispielbilder im Internet anschauen oder zur Beratung in einen Fachhandel gehen.

Die wohl bekanntesten Pflanzenschädlinge sind Blattläuse. Sie produzieren einen klebenden Saft, wodurch sich häufig auch die Blätter klebrig anfühlen. Blattläuse können unterschiedlich groß und gefärbt (meist grün oder schwarz) sein. Gewöhnlich sitzen sie an der Blattunterseite, da sie von dort aus am besten den Pflanzensaft absaugen können. Behandeln können Sie die betroffene Pflanze mechanisch, indem Sie die Blattläuse vollständig von der Pflanze abkratzen (vorsichtig, da sonst die Pflanze beschädigt wird) oder indem Sie die Blätter mit einem starken Wasserstrahl abspülen. Das eignet sich besonders bei Pflanzen, die robuste, eher dickere Blätter haben. Schildläuse produzieren, ähnlich wie Blattläuse, eine klebrige Flüssigkeit, die sie weit von sich wegschleudern.

Fallen Ihnen in unmittelbarer Umgebung der Pflanze klebrige Oberflächen auf, kann dies ein Hinweis für den Befall sein. Untersuchen Sie die Pflanze an Stiel, Sprossachse und Blattunterseite. Schildläuse sind meist bräunlich und ernähren sich von dem Saft der Pflanze. Handelt es sich um einen leichten Befall, kann die Pflanze, wie bei den

Blattläusen, mit mechanischen Methoden behandelt werden.

Spinnmilben erkennen Sie insbesondere an Blattflecken und kleinen Netzen, die ähnlich wie Spinnweben aussehen. Spinnmilben und Weiße Fliegen sollten in jedem Entwicklungsstadium mit biologischen oder chemischen Mitteln bekämpft werden. Für Schädlinge gilt generell, dass, wenn es sich um einen starken Befall handelt, biologische und chemische Mittel häufig wirkungsvoller sind. Sollten Sie eine Pflanze bei sich entdecken, die von einem Schädling befallen ist, sollten Sie die anderen Pflanzen in der näheren Umgebung schnellstmöglich überprüfen und die befallene Pflanze am besten vorübergehend in einen gesonderten Raum stellen.

Krankheiten lassen sich häufig nicht gut voneinander unterscheiden, da viele sehr ähnliche Symptome aufweisen. Echter Mehltau tritt öfter bei Pflanzen auf, die zu warm oder zu trocken stehen. Es handelt sich um einen weißen, watteartigen Pilz, der überwiegend auf der Blattoberseite wächst. Er kann mit einem feuchten Tuch abgewischt werden. Danach sollte die Pflanze jedoch mit einem biologischen oder chemischen Mittel behandelt werden, um zu verhindern, dass der Pilz sich erneut bilden kann. Zusätzlich sollten die Bedingungen, also Bewässerung und Standort, verändert werden. Schimmelpilze wachsen an verwelkten Blättern und Blüten und können sich an nassen Bereichen, wie an der Sprossachse, bilden. Zur Prävention sollten die Pflanzen regelmäßig überprüft werden. Ist eine Pflanze bereits erkrankt, sollte die betroffene Stelle mit einem Tuch oder einem Pinsel (es kann auch eine alte Zahnbürste verwendet werden) gründlich gesäubert werden.

Wenn Sie gelbe oder verwelkte Blätter an Ihrer Pflanze beobachten, stellen Sie zunächst sicher, ob es sich tatsächlich um eine Krankheit oder einen Befall handelt, bevor Sie mit Pestiziden oder anderen Mitteln arbeiten. Biologische und chemische Stoffe können eine Belastung für Ihre Pflanze darstellen und sich negativ auf die Nährstoffe und die Beschaffenheit des Substrates auswirken. Behandlungsmittel sollten nur im nötigsten Fall genutzt werden. Verfärbungen und Verwelkung der Blätter und Blüten werden überwiegend durch Nährstoffmangel, fehlerhafte Bewässerung und falsche Belichtung ausgelöst.

3 Pflanzenprofile

Im Folgenden werden Ihnen 21 verschiedene Pflanzenarten in 6 Unterkapiteln vorgestellt. So können Sie direkt zu dem Kapitel springen, das Ihren Wünschen und Bedürfnissen am ehesten entspricht. In den einzelnen Pflanzenprofilen werden allgemeine Infos zu Herkunft und Haltung der Arten besprochen. Dadurch können Sie individuell entscheiden, welche Pflanze zu Ihnen und Ihren Häuslichkeiten am besten passt.

3.1 WOHN- UND SCHLAFZIMMER

Wohn- und Schlafzimmer stellen in der Regel die größten Räume in einer Wohnung oder einem Haus dar. Die Gestaltung und Dekoration spielen in diesen Räumen häufig die wichtigste Rolle, da man dort viel Zeit am Tag verbringt. In diesem Buch wird von einem Wohnbereich ausgegangen, in dem Fenster eingebaut sind, wodurch viele verschiedene Lichtintensitäten genutzt werden können. Wo genau die einzelnen Arten stehen sollten, bzw. welche Lichtverhältnisse sie benötigen, steht bei den jeweiligen Profilen dabei.

3.1.1 Geranie

Die Geranien, auch Storchenschäbel genannt, gehören zur Familie der Storchenschnabelgewächse (Geraniaceae). Die Geranie ist mit 700 Arten (vgl. Jäger et al. 2014, S. 317) eine Familie mittlerer Größe. Geranien zeichnen sich durch ihr üppiges Laub und ihre Farbvielfalt aus. Die am häufigsten vorkommenden Farben sind rote, pinke bis violettfarbene Töne. Es kommen auch weiße und mischfarbige Blüten vor. Mehrere Blüten stehen in einem runden Köpfchen zusammen, sodass sie als einzelne Blüte wahrgenommen werden können. Geranien stammen aus gemäßigten bis warmen Klimazonen, daher kommen sie gut mit dem Wetter in Deutschland zurecht und können so, bei guter Pflege, fast ganzjährig blühen. Besonders häufig sind sie im südlichen Afrika anzutreffen. Den Geranien sehr ähnlich sind die Pelargonien, die ebenfalls eine Gattung in der Familie der Storchenschnabelgewächse darstellen. Sie kann auch als Zimmerpflanze unter den gleichen Bedingungen wie die Geranien gehalten werden.

Geranien sollten an einem Platz mit gefiltertem Licht stehen (siehe S. 10). Sie vertragen keine direkte Sonne, da die Blüten schnell verbrennen und dadurch ihre Farbe verlieren oder verwelken können. Welke Blätter und Blüten sollten fachgerecht abgeschnitten werden (siehe S. 30f), bevor sie auf das Substrat fallen, da sich sonst Schimmel bilden kann. Das Substrat sollte feucht gehalten werden. Sie vertragen gelegentliche Trockenheit besser als Nässe. Als Faustregel gilt: Lieber häufiger gießen, dafür weniger. Je nach Größe der Pflanze können Sie demnach jeden bis jeden zweiten Tag die Oberfläche des Substrates mit Wasser benetzen. Auch im Winter sollte regelmäßig gegossen werden, da die Pflanze jedoch weniger Wasser benötigt, wenn sie sich außerhalb der Blütezeit befindet, reicht es hier, die Pflanze alle 3-4 Tage etwas kräftiger zu gießen.

Geranien und Pelargonien sollten regelmäßig auf Weiße Fliegen und Blattläuse (siehe S. 34) untersucht werden, da sie vor allem im Hochsommer recht anfällig sind. Um die Pflanze zusätzlich zu stärken, kann ca. einmal im Monat Flüssigdünger genutzt werden.

3.1.2 Gerandeter Drachenbaum

Der Gerandete Drachenbaum (*Dracaena marginata*) ist eine Art innerhalb der Gattung der Drachenbäume (*Dracaena*), welche zur Familie der Spargelgewächse (Asparagaceae) gehört. Drachenbäume sind biologisch gesehen keine echten Bäume, da sie zwar einen verholzten Stamm ausbilden, jedoch ein atypisches Dickenwachstum aufweisen. Beheimatet ist die Pflanze ursprünglich in den tropischen und subtropischen Klimazonen, insbesondere in Asien und Afrika. Je nach Topfgröße kann sie eine Maximalgröße von 2,50 Meter erreichen. Die schmalen, hochwüchsigen

Stämme können einfach oder mehrfach verzweigt sein. An deren Enden entspringen viele schmale, lange Laubblätter in einer Rosette, ähnlich wie bei einer typischen Palme.

Der Gerandete Drachenbaum ist bei guter Pflege eine immergrüne Pflanze. Das Substrat sollte feucht gehalten werden. Da die Pflanze aus einer tropischen Klimazone kommt, hat sie vor allem bei hohen Temperaturen großen Durst und benötigt dementsprechend viel Wasser. Sie sollte alle 2-3 Tage reichlich gegossen werden. Im Winter kann sparsamer gegossen werden. Das Substrat kann in den Wintermonaten an der Oberfläche antrocknen, sollte aber im unteren Bereich weiterhin feucht gehalten werden. Der Drachenbaum mag es hell, aber sollte nicht zu lange in der direkten Sonne stehen. Ein heller Bereich mit maximal 1-2 Sonnenstunden am Tag eignet sich besonders gut als Standort.

Die unteren Blätter vertrocknen, wenn die Pflanze wächst. Diese können abgeschnitten oder behutsam abgezupft werden. Wenn Ihnen die Verzweigungen der Stämme gefallen, können Sie im Frühjahr den gesamten Blattschopf abschneiden, dadurch entstehen Verzweigungen. Da es die

Pflanze sehr viel Energie kostet, neue Triebe auszutreiben, sollten Sie nicht mehrere Verzweigungen gleichzeitig wachsen lassen.

3.1.3 Jasmin

Jasmin ist bekannt für die vielen weißen Blüten und den süßlichen Blütenduft. Jasmin kommt als Duftaroma in Ölen, Parfüms und auch als Aroma in Jasmin-Tee vor. Die Gattung *Jasminum* gehört zu den Ölbaumgewächsen (Oleaceae). Jasmin-Arten sind insbesondere in den Tropen und Subtropen beheimatet. Die zwei beliebtesten Arten sind der Winterjasmin (*Jasminum nudiflorum*) und der Echte Jasmin (*Jasminum officinale*). Der Winterjasmin blüht ab Dezember und kann durch seine Kälteresistenz auch gut im Wintergarten gehalten werden. Der Echte Jasmin blüht ab etwa Mai und mag etwas höhere Temperaturen zwischen 16 und 23 °C.

Bei guter Pflege entwickelt Jasmin unzählige Knospen mit einer rosa Färbung. Die Triebe können mehrere Zentimeter lang werden, um Ihnen Struktur und Form zu geben, können Kletterhilfen in den Topf eingesetzt werden. Verwelkte Blüten sollten am Haupttrieb abgeschnitten werden, so wird die neue Blütenbildung angeregt. Ältere Pflanzen können stark zurückgeschnitten werden, falls Ihnen die Struktur, Größe oder Form nicht gefällt.

Jasmin blüht am besten bei gutem Licht. Ein Platz am Fenster mit direkter Sonneneinstrahlung ist gut geeignet. Im Hochsommer sollte die pralle Sonne nicht mehr als 3 Stunden täglich auf die Pflanze strahlen, da die Blüten sonst verbrennen können.

In der Wachstums- und Blütephase sollte reichlich gegossen werden. Das Substrat sollte insbesondere während der Blüte immer feucht gehalten werden. Es bietet sich an, die Pflanze täglich zu gießen, dabei sollte darauf geachtet werden, dass kein Wasser auf der Substratoberfläche zum Stehen kommt, da dies ein Anzeichen für Überwässerung und Staunässe ist. In der Zeit, in der die Pflanze keine Blüten trägt, sollte weiterhin regelmäßig gegossen werden, wobei die Pflanze gelegentliches Antrocknen der Substratoberfläche verträgt. In der Blütezeit benötigt Jasmin viele Nährstoffe, es bietet sich an, ein nährstoffreiches Substrat zu verwenden oder die Pflanze einmal jährlich mit einem Langzeitdünger zu versorgen. Da die meisten Jasminarten aus tropischen Zonen kommen, können Sie im Sommer die Pflanze mit Wasser besprühen, um so für mehr Luftfeuchtigkeit zu sorgen.

3.1.4 Begonien

Die Begonie ist eine Gattung der Familie der Schiefblattgewächse (Begoniaceae). Sie gehört mit mehr als 1500 Arten zu einer der artenreichsten Pflanzengattungen (vgl. Kadereit et al. 2014, S. 685). Die meisten Begonien-Arten sind in Südamerika beheimatet. Sie kommen jedoch weltweit in allen feucht-tropischen und subtropischen Regionen vor. Eine beliebte Begonien-Art, die ausgesprochen gut als Zimmerpflanze gehalten werden kann, ist die Königs-Begonie (*Begonia rex*). Es handelt sich um eine Pflanze, die je nach Topfgröße zwischen einigen Zentimetern und einem Meter groß werden kann. Die Laubblätter haben ein außergewöhnliches Farbmuster. Sie können in Silber-, Violett-, Rot- und Grüntönen auftreten. Häufig kommen dabei auch Mischfarben vor. Auch die Wimpern-Begonie (*Begonia bowerae*) weist eine besondere Blattmusterung auf, die in den unterschiedlichsten Farben vorkommen kann.

Andere Begonien-Arten, darunter beispielsweise die Eisbegonie (*Begonia × semperflorenscultorum*), die Elatoir-Begonie (*Begonia × hiemalis*), die Korallenbegonie (*Begonia corallina*) und die Knollenbegonie (*Begonia × tuberhybrida*), zeichnen sich durch ihre Blütenvielfalt aus. Je nach Art sind die Blüten unterschiedlich groß, können aber in allen Farbvarianten vorkommen.

Die meisten Begonien mögen es hell, aber ohne direkte Sonneneinstrahlung. Ein Platz auf einem Tisch, einem Regal oder einer Fensterbank mit gefiltertem Licht bietet sich besonders gut an. Da die meisten Begonien-Arten sehr dicht wachsen, ist eine Bewässerung von unten geeignet. Wird die Pflanze von oben trotz des dichten Laubes gegossen, kann es zu Fäulnis kommen. Die Pflanze sollte alle 2 Tage von unten gegossen werden (siehe S. 11).

Blätter und Blüten sollten entfernt werden, bevor sie runterfallen, da auch dies zu Fäulnis und Schimmel führen kann. Einige Arten sind anfälliger für Mehltau, vor allem, wenn sie von Hitze oder direkter Sonneneinstrahlung geschwächt sind.

3.1.5 Purpur-Samtpflanze

Die Purpur-Samtpflanze zeichnet sich durch ihr außergewöhnliches Aussehen aus. Die Härchen auf den dunkelgrünen Blättern sind violett gefärbt und sind so fein, dass sie sich wie Samt anfühlen. So hat die Pflanze ihren Namen erhalten. Die kleinen Blüten sind auffällig orange-gelb. Sie besitzen einen intensiven Duft, der für einige Menschen unangenehm sein kann. Die Blüten können ohne Schäden von der Pflanze abgeschnitten werden, falls Sie den Geruch nicht mögen.

Manchmal treibt die Pflanze längere Triebe aus, die durch die Schwere der Blätter herabhängen. Falls dies unerwünscht ist, kann der Zweig abgeschnitten werden. Den abgeschnittenen Trieb können Sie in Wasser stellen, so bilden sich schnell neue Wurzeln. Hat der Trieb bereits einige neue Wurzeln entwickelt, können Sie die Pflanze in einen Topf pflanzen und haben sich so eine eigene Samtpflanze gezogen.

Die intensiven Farben bilden sich nur bei gutem Licht aus. Steht die Pflanze jedoch zu viel in direktem Sonnenlicht, können die Härchen verbrennen. Geeignet ist ein heller Platz mit gefiltertem Licht. Das Substrat sollte gleichmäßig feucht gehalten werden. Da die Samtpflanze aus tropischen Regionen kommt, reagiert sie empfindlich auf Trockenheit. Es sollte lieber häufiger, dafür weniger gegossen werden. Sie können die Pflanze täglich, aber dafür mäßig gießen.

3.2 BADEZIMMER UND KÜCHE

Badezimmer und Küche sind häufig die kleineren Räume in einer Wohnung oder einem Haus. In ihnen ist eine höhere Luftfeuchtigkeit gegeben, da beispielsweise durch das Waschen und Duschen mehr Wasser in der Luft gelöst ist. In diesem Buch wird von einem Raum mit mindestens einem Fenster ausgegangen. Die Fliesen und Spiegel reflektieren das Sonnenlicht, weswegen die Lichtintensität nicht unterschätzt werden sollte.

3.2.1 Dreieckiger Frauenhaarfarn

Der Dreieckige Frauenhaarfarn (*Adiantum raddianum*) gehört zu der Familie der Frauenhaarfarngewächse (Adiantaceae). Die Familie kommt ursprünglich aus den tropischen Regenwaldgebieten Mittel- und Südamerikas. Frauenhaarfarn wird häufig als zierliche Pflanze beschrieben, da die vielen kleinen, dünnen Blättchen an einem schmalen schwarzen Stiel wachsen. Die Blätter sind hellgrün und haben, wie der Name bereits sagt, eine abgerundete dreieckige Form. Bei guter Pflege wächst der Frauenhaarfarn sehr dicht. Sie können die Triebe abschneiden und die Pflanze nach Ihren Wünschen in beliebige Form bringen. Wird sie häufiger gestutzt, wächst die Pflanze buschiger. Der Frauenhaarfarn ist eine immergrüne Pflanze, die keine Blüten ausbildet.

Der Dreieckige Frauenhaarfarn mag es warm, mit viel Luftfeuchtigkeit. Er fühlt sich im hellen wie auch im halbschattigen Bereich wohl, nur direktes Sonnenlicht sollte vermieden werden, da die Blätter sonst schnell verbrennen. Das Substrat sollte das ganze Jahr über feucht gehalten werden. Wenn die Wurzeln trocken liegen, verwelken die Blätter schnell. Die Pflanze sollte täglich in gemäßigter Menge gegossen werden. Im Winter kann die Pflanze für eine besonders intensive Farbe mit Wasser besprüht werden.

3.2.2 Fensterblatt

Das Fensterblatt hat insbesondere über die letzten Jahre viele Anhänger dazugewonnen. Durch das außergewöhnliche Aussehen und die Pflegeleichtigkeit eignet es sich ausgezeichnet als Zimmerpflanze für Anfänger. Das Fensterblatt ist eine Gattung, die zur Familie der Aronstabgewächse (Aracaceae) zählt. Beheimatet ist die Pflanze in Mittel- und Südamerika. Das Fensterblatt wird sehr groß und braucht entsprechend viel Platz. Die einzelnen Blätter können einen Durchmesser von 60 cm erreichen (vgl. Williams 2006, S. 115). Die Blätter der meisten Arten haben eine dunkelgrüne Färbung mit großen Löchern. Die meisten in Deutschland gezogenen Arten bilden keine oder sehr zurückgebildete Blüten aus.

Das Fensterblatt kann die Blätter besonders gut im hellen Licht entwickeln, ohne direkte Sonneneinstrahlung, da auf den Blättern sonst helle Flecken entstehen können. Ein heller Platz mit gefiltertem Licht eignet sich besonders gut. Das Substrat sollte feucht gehalten werden, wobei die Pflanze gelegentliche Trockenheit besser verträgt als Staunässe. Je nach Größe sollte alle 3-4 Tage reichlich gegossen werden. Im Winter sollte noch sparsamer gegossen werden.

Die großen Blätter sollten gelegentlich (circa einmal im Monat) mit einem feuchten Tuch entstaubt werden, damit die Absorption des Lichts und die Möglichkeit zur Transpiration sichergestellt ist. Sie kann zudem nach dem Gießen mit Wasser besprüht werden, um für mehr Luftfeuchtigkeit zu sorgen. Im Frühjahr kann die Pflanze zurückgeschnitten werden, es ist aber Vorsicht geboten, da sich schnell neue Seitentriebe entwickeln.

3.2.3 Spitzpaprika

Spitz- und Zierpaprika können als fertige Pflanzen gekauft oder als Samen im Frühjahr selbst angebaut werden. Neben dekorativen Zwecken können bei guter Pflege die Früchte gegessen werden. Die Paprika gehört zur Familie der Nachtschattengewächse (Solanaceae), wie beispielsweise die

Kartoffel, Tomaten und Auberginen. Der Ursprung der Paprika-Arten liegt in Mittel- und Südamerika. Während der Reifung der Früchte verändert sich deren Farbe. Geerntet werden sollten die Früchte erst, wenn sie eine intensive rote Farbe aufzeigen.

Die Spitzpaprika mag es hell. Ein Standort auf einer Fensterbank oder einem Regal, wo 2-3 Stunden direktes Sonnenlicht am Tag hinkommt, ist ideal. Verwelken die Blätter, steht die Pflanze zu viel in der Sonne oder sie wird zu wenig gegossen. Die Paprika darf nicht austrocknen. Das Substrat sollte immer feucht gehalten werden. Es sollte täglich in einer geringen Menge gegossen werden. In der Wachstumsphase kann mit zusätzlichen Nährstoffen durch Düngung gearbeitet werden.

Die fertig gereiften Früchte sollten nicht abgerissen, sondern am Stiel abgeschnitten werden, das regt die Bildung neuer Blätter und Blüten an. Die Blüten, aus denen sich die Früchte entwickeln, sind klein und weiß. Wenn die Früchte oder die Blüten abfallen, steht die Pflanze wahrscheinlich zu dunkel oder sie ist zu trocken.

3.3 WINTERGARTEN UND KÄLTETOLERANTE

Während einige Pflanzen besonders auf hohe Temperaturen und Hitze spezialisiert sind, gibt es andere Arten, die sich bei tieferen Temperaturen wohlfühlen. In Wintergärten können das ganze Jahr über Zimmerpflanzen gehalten werden, solange die Bedingungen stimmen. Die Pflanzen sollten vor Hitze geschützt sein. In einem Wintergarten kann es bei hohen Temperaturen sehr heiß werden. Viele Pflanzen, die im folgenden Kapitel besprochen werden, reagieren darauf mit trockenen, verwelkten Blättern. Im Winter sollten sie vor Frost geschützt werden, indem sie beispielsweise fachgerecht eingepackt werden oder zur Überwinterung in einem kühlen, hellen Zimmer stehen, wo sie jedoch nicht gefrieren können. Dafür bietet sich beispielsweise ein Hausflur, ein Keller oder eine Garage mit Fenstern an. Viele Pflanzen vertragen direkte Zugluft nicht, die im folgenden Kapitel vorgestellten Pflanzen können auch in direkter Zugluft stehen, ohne davon geschädigt zu werden.

3.3.1 Banane

Die Bananen gehören zur Familie der Bananenge-
wächse (Musaceae). Sie stammen aus den tropischen und subtropischen Zonen in Asien. Die
meisten Bananenbäume tragen in Deutschland
keine (essbaren) Früchte, sind aber auch wegen ih-
res Aussehens eine beliebte Zimmerpflanze. Die
Pflanze kann bei guten Bedingungen bis zu 2 Meter groß werden, lässt sich aber auch als kleinere
Topfpflanze halten. Die Blätter sind groß und
ovalförmig, mit einer hell- bis dunkelgrünen Färbung. Wenn sich am oberen Ende des Stammes
neue Blätter bilden, verwelken die unteren Blätter,
diese können mit einer Schere an der Basis des
Blattes (an der Substratoberfläche) abgeschnitten
werden.

Die Banane mag es hell, aber mit möglichst
wenig direkter Sonneneinstrahlung. Sie sollte
eher zu feucht als zu trocken gehalten werden. Je
nach Größe der Pflanze sollten Sie alle 2 Tage
reichlich gießen. An den Bananenblättern ist die
Guttation gut zu beobachten. Fällt Ihnen auf, dass
sich mehrere Tage lang keine Wassertropfen an
den Blättern bilden, steht die Pflanze zu trocken.
Sie können die Banane zur guten Entwicklung

nach dem Gießen mit Wasser besprühen, um die Luftfeuchtigkeit zu erhöhen. Im Winter kann weniger gegossen werden, die Wurzeln sollten jedoch niemals trocken liegen, da dies dadurch schnell zum Tod der Pflanze führen kann.

Um das Wachstum der Banane zu fördern, kann sie im Frühjahr und im Sommer wöchentlich mit Flüssigdünger versorgt werden. Die Blätter sollten zudem alle 2-3 Wochen mit einem feuchten Tuch abgestaubt werden, um die Guttationsfunktion und die Absorption des Sonnenlichtes sicherzustellen.

3.3.2   Engelstrompete

Die Engelstrompete kommt ursprünglich aus Südamerika. Sie ist wegen der großen, auffälligen Blüten inzwischen weltweit kultiviert. Sie gehört zur Familie der Nachtschattengewächse (Solanaceae), genauso wie die Kartoffel, die Tomate und die Aubergine. Die Blüten sind weiß bis gelblich und sehen wie Trompeten aus, daher der Name Engelstrompete. Die Pflanzenteile sind wegen des hohen Alkaloideanteils hochgiftig und sollten daher fern von Kleinkindern und Haustieren gehalten werden.

Die Pflanze kann in der Natur mehrere Meter hoch werden und bildet sehr große, grüne Blätter aus. Die Triebe können im Spätherbst stark zurückgeschnitten werden, wenn die Größe der Pflanze verringert oder beibehalten werden soll. Wenn Sie die Triebe an der Basis abschneiden, kann es zur Ausbildung von Verzweigungen kommen. Die Engelstrompete benötigt vor allem im Sommer und Frühjahr viel Wasser. Es sollte täglich reichlich gegossen werden. Die Pflanze reagiert sehr empfindlich auf Trockenheit.

Im Winter kann die Pflanze kühl überwintern und benötigt in dieser Zeit nur wenig Wasser. Das Substrat sollte jedoch nie vollständig austrocknen. Wer das Wachstum der Pflanze im Frühjahr und Sommer fördern möchte, kann mit Universal-Flüssigdünger arbeiten.

3.3.3   Keulenlilie

Die Keulenlilie ist eine sehr unkomplizierte und pflegeleichte Pflanze. Die Keulenlilien sind eine Gattung der Familie der Spargelgewächse

(Asparagaceae). Die Verbreitung reicht über die meisten Teile des Äquators. Viele Arten sind heute weltweit als Zierpflanze kultiviert.

Die Blätter der Keulenlilie zeichnen sich durch eine meist auffällige Färbung aus. Sie können braun, grün, violett gefärbt und manchmal mit weißen, roten oder gelben Zeichnungen oder Umrandungen beschmückt sein. Die Blätter einiger Arten wachsen als fontänenartige Rosette direkt aus dem Boden oder ähneln dem Wuchs eines Drachenbaums (siehe S. 40). Die meisten Zierpflanzen der Keulenlilie bilden keine oder nur kleine Blüten aus.

Die Keulenlilie sollte möglichst hell, mit 2-3 Sonnenstunden pro Tag, stehen. Das Substrat sollte immer feucht gehalten werden. Es sollte alle 3-4 Tage reichlich gegossen werden. Bei frostfreier Überwinterung sollte sie nur so viel gegossen werden, dass der Wurzelballen nicht austrocknet. Die Substratoberfläche kann antrocknen. Ältere Blätter werden schlaff und braun. Sie können diese an der Blattbasis abschneiden. Für eine besonders schöne Blattfärbung und ein ausgeprägteres Wachstum kann eine regelmäßige Versorgung mit Flüssigdünger genutzt werden.

3.3.4   Zwergpalme

Die Zwergpalme ist eine sehr robuste Pflanze, so-lange sie genug gegossen wird. Sie ist eine Art in der Familie der Palmengewächse (Arecaceae). Die langen, schmalen Blätter sind streifennervig und weisen eine intensive grüne Farbe auf, wenn die Pflanze gesund ist.

Palmen wachsen im Vergleich zu anderen Pflanzen recht langsam. Sie können entweder einzelne dickere Stämme oder nebeneinander viele dicht beieinanderstehende Stiele ausbilden. Wird die Zwergpalme zu groß, können die Triebe, an denen die Blätter sitzen, abgeschnitten werden.

Die Zwergpalme mag es das ganze Jahr über sehr hell, gerne auch mit möglichst viel direkter Sonneneinstrahlung. Im Winter kann sie bei sehr niedrigen Temperaturen überwintert werden. Sie verträgt leichten Frost, solange das Substrat so trocken wie möglich gehalten wird. Im Sommer sollte das Substrat immer feucht gehalten werden. Sie sollten alle 2-3 Tage reichlich gießen. Im Winter sollte möglichst wenig gegossen werden, aber der Wurzelballen sollte nicht trocken liegen.

Bei großer Hitze kann es zu braunen Blattspitzen kommen, diese können mit einer Schere abgeschnitten werden.

3.4 SCHATTENPLÄTZE

Viele Pflanzen präferieren Plätze im Sonnenlicht. Jedoch kann nicht in jeder Wohnung sichergestellt werden, dass die Pflanze genug Sonnenlicht bekommt. In einigen Räumen sind keine oder nur kleine Fenster vorhanden. Das sollte Sie aber nicht davon abhalten, auch diese Räume mit Pflanzen zu dekorieren. Die in diesem Kapitel vorgestellten Pflanzen gehören zu den Schwachlichttypen (siehe S. 8f.) und benötigen daher wenig Sonnenlicht.

3.4.1 Bunter Pfeilwurz

Die Bunte Pfeilwurz ist eine immergrüne Blattpflanze, die auf den Böden tropischer Regenwälder heimisch ist. Sie gehört zur Familie der Pfeilwurzgewächse (Marantaceae). Viele Arten der Familie werden als Zierpflanzen genutzt. Da sie in freier Natur am Waldboden wachsen, werden sie von vielen größeren Pflanzen beschattet, weswegen sie mit wenig Sonnenlicht, an schattigeren Plätzen, gut zurechtkommen. Die Pflanze verträgt aber auch helleres, gefiltertes Licht, nur direkte Sonne sollte vermieden werden, da die Blätter fleckig werden oder verbrennen können. Die Blätter können hell- oder dunkelgrün oder gemischt sein. Die Blattnerven weisen eine starke rötliche Färbung auf. Am Abend rollen sich die Blätter ein, ähnlich, wie es bei einigen heimischen Pflanzen der Fall ist.

Zum Stützen der langen Triebe und der großen Blätter kann eine Kletterhilfe in den Topf gesetzt werden. Die Triebe können, wenn die Pflanze zu groß wird, gestutzt werden. Das Substrat sollte möglichst feucht gehalten werden. Die Pfeilwurz verträgt aber auch gelegentliche Trockenheit. Es sollte alle 2-3 Tage reichlich gegossen werden. Im Winter sollte weniger gegossen werden, dabei sollte der Wurzelballen niemals vollständig austrocknen. Zur Erhöhung der Luftfeuchtigkeit sollte eine Unterschale mit nassen Steinen genutzt werden (siehe S. 21). Wenn Sie die Pflanze mit Wasser einsprühen, kann es zu Verfärbungen der Blätter kommen.

3.4.2 Mondsichelfarn

Die Sichelfarne sind eine Pflanzengattung innerhalb der Familie der Wurmfarngewächse (Dryop-
teridaceae). Sie wachsen an besonders feuchten
Orten, beispielsweise an Bach- oder Seeufern. Der
Schwerpunkt der Verbreitung der Sichelfarne liegt
in Ostasien. In Europa wird die Gattung ausschließlich als Zierpflanze verwendet. Die Blätter
sind in Wedel angeordnet, was bedeutet, dass
mehrere kleinere Blättchen an einem langen Stiel
sitzen. Die Blätter weisen eine hellgrüne Farbe auf.
Sichelfarne tragen keine Blüten, da sie sich über
Sporen fortpflanzen.

Der Mondsichelfarn kommt am besten mit
durchschnittlichen Zimmertemperaturen zurecht,
verträgt im Winter aber auch Temperaturen nahe
dem Gefrierpunkt. Das Substrat sollte ganzjährig
feucht gehalten werden. Es empfiehlt sich, täglich
zu gießen, aber dafür in einer geringen Menge. Im
Winter sollte seltener gegossen werden. Die Substratoberfläche kann zwischen dem Gießen leicht
antrocknen.

Farne sind krautige Pflanzen, die nahe am Boden wachsen. Da sie häufig von größeren Pflanzen
beschattet werden, können sie auch mit weniger

Sonnenlicht wachsen. Wenn Sie möchten, dass der Farn schneller wächst, können Sie ihn an einem helleren Ort, ohne direkte Sonneneinstrahlung, setzen und etwa alle 3 Wochen mit Flüssigdünger versorgen.

3.4.3 Schusterpalme

Schusterpalmen sind eine Gattung innerhalb der Familie der Spargelgewächse (Asparagaceae). Ihre Herkunft liegt in Ostasien. Die Schusterpalme ist eine typische Zimmerpflanze für Anfänger, da sie auch bei minimaler Pflege überleben kann. Sie bildet große dunkelgrüne Blätter aus. Die Blattstiele entspringen einzeln oder zu mehreren direkt aus dem Boden. Ein typischer Stamm, wie Sie bei einer Palme vielleicht erwarten würden, ist bei der Schusterpalme nicht vorhanden.

Das Substrat sollte leicht feucht gehalten werden. Die Schusterpalme ist für Überwässerung anfälliger als für gelegentliche Trockenheit. Sie sollte alle 2-3 Tage reichlich gegossen werden. Wenn braune Flecken an den Blättern zu erkennen sind, ist dies meist ein Anzeichen für Überwässerung.

Die Schusterpalme kommt mit wenig Licht zurecht, wenn sie jedoch wachsen soll oder die Blätter eine hell gestreifte Musterung aufzeigen sollen, müssen sie im Hellen stehen. Das direkte Sonnenlicht sollte vermieden werden. Die Blätter sollten etwa einmal im Monat mit einem feuchten Tuch abgewischt werden, damit die Absorption des Lichts und die Transpirationsfunktion sichergestellt werden können. Ist die Pflanze geschwächt, kann alle 3 Wochen ein Flüssigdünger genutzt werden.

3.5 SUKKULENTE

Da es keine heimischen Sukkulenten gibt, ist deren Form und Struktur für uns häufig etwas sehr Besonderes und Eindrucksvolles. Deswegen werden immer mehr Sukkulenten als Zier- und Zimmerpflanzen gehalten. Sukkulenten zeichnen sich dadurch aus, dass sie Nährstoffe und/oder Wasser in den verschiedenen Grundorganen speichern können. Die Kartoffel weist eine Knollensukkulenz auf, weil die wichtigsten Nährstoffe der Pflanze in der Knolle (also im Teil der Kartoffelpflanze, der verzehrt wird) gespeichert werden.

Kakteenartige sind meist Sprosssukkulenten und Agaven (siehe S. 63) und Ähnliche gehören zu den Blattsukkulenten. Nährstoffe und Wasser zu speichern, macht vor allem dann Sinn, wenn die Pflanze in der Natur eine Hitze- oder Kälteperiode überleben muss.

3.5.1 Agave

Die Agaven sind eine Gattung der Familie der Spargelgewächse (Asparagaceae). Die Verbreitungszonen sind überwiegend im mittelamerikanischen Raum und in Mexiko. Die meisten Arten bilden dunkelgrüne dicke Blätter in Form einer Rosette aus, die direkt am Boden ansetzt. Einige Arten haben stachelige Blattenden, diese sollten von Kleinkindern und Haustieren ferngehalten werden, da Verletzungsgefahr besteht. Je nach Art kann die Größe zwischen einigen Zentimetern und einem halben Meter variieren. Die meisten Zierpflanzen, die in Deutschland gekauft werden können, bilden keine Blüten aus.

Agaven werden auch als Nutzpflanzen eingesetzt. Aus ihnen können Pflanzenfasern gewonnen werden. Die dicken Blätter können zudem zu

Lebensmitteln verarbeitet werden. Der Saft in den Blättern zeichnet sich durch einen hohen Zuckergehalt aus. Auch für Kosmetikprodukte werden Agavenblätter häufig genutzt.

Die Agave sollte als Zimmerpflanze möglichst hell stehen. Sie verträgt auch direktes Sonnenlicht, solange sie reichlich gegossen wird. Die Substratoberfläche sollte während der Wachstumsphase im Frühjahr und Sommer zwischen dem Gießen leicht antrocknen. Je nach Größe der Pflanze können Sie alle 3-4 Tage reichlich gießen. Bei starker Hitze oder hoher Sonnenintensität sollte häufiger gegossen werden. Generell vertragen Agaven gelegentliche Trockenheit besser als zu viel Nässe. Agaven können sehr kühl überwintert werden, solange das Substrat so trocken wie möglich gehalten wird. Der Wurzelballen sollte nicht austrocknen, da es zu Schäden an den Wurzeln kommen kann.

3.5.2   Bogenhanf

Der Bogenhanf stammt aus Zentralafrika und ist eng mit den Agaven (siehe S. 63) verwandt. Der Bogenhanf gehört zur Familie der

Spargelgewächse (Asparagaceae). Die dicken Blätter wachsen einzeln oder zu mehreren beieinanderstehend direkt am Boden. Durch ihre Dicke weisen sie eine hohe Stabilität auf, weswegen sie zumeist gerade nach oben wachsen. Die Blätter können hell bis dunkelgrün mit unterschiedlichen Mustern sein. Einige Arten weisen eine gelbe Blattmusterung auf. Im Sommer können sie Blütenstände bilden, die aus kleinen weißen Blüten zusammengesetzt sind. Da diese recht stark riechen, können sie, wenn gewünscht, einfach abgeschnitten werden.

Wenn der Bogenhanf ausreichend gegossen wird, verträgt er auch direkte Sonne. Ansonsten sollte er ganzjährig an einem möglichst hellen Standort stehen. Das Substrat sollte feucht, aber nicht zu nass gehalten werden, da es sonst recht schnell zu Fäulnis kommen kann. Es sollte alle 1-2 Tage entsprechend den Wetter- und Sonnenverhältnissen gegossen werden. In den Ruhezeiten im Winter sollte das Substrat so trocken wie möglich gehalten werden. Der Wurzelballen darf nicht austrocknen. Es genügt, wenn Sie alle 4-5 Tage gießen.

Der Bogenhanf kann auch an schattigeren Plätzen stehen, jedoch wächst er dann nur sehr langsam und die Musterung der Blätter ist weniger stark ausgeprägt. Die Blätter sollten regelmäßig mit einem feuchten Tuch abgewischt werden, damit die Lichtabsorption und die Transpirationsfunktion sichergestellt sind.

3.5.3 Echeverie

Echeverien gehören zu der Familie der Dickblattgewächse (Crassulaceae). Echeveria-Arten sind sehr beliebt als Zierpflanzen, da sie sich durch ihre farbige Blattrosette auszeichnen. Die dicken Blätter liegen recht flach am Boden und sind wie eine Rose geformt. Die Blätter können je nach Art grüne, rötliche und violette Färbungen aufzeigen.

In der Mitte der Blätterrosette entspringen die Blüten, die häufig intensive Rosa-, Gelb- oder Orangefärbungen aufzeigen. Sie sitzen auf hohen, aufrechten Stielen. Wenn Ihnen die Blüte nicht gefällt, können Sie diese, so weit unten am Stiel wie möglich, abschneiden.

Die Echeverie sollte möglichst hell stehen, ohne direkte Sonneneinstrahlung. Besonders

geeignet sind Tische, Regale oder eine Fensterbank mit gefiltertem Licht. Bei Lichtmangel können sie an Farbintensität und Struktur verlieren.
Da die Blätter sehr dicht stehen und sehr leicht
faulen, sollten Echeveria-Arten von unten gegossen werden (siehe S. 21f.). Je nach Größe der
Pflanze und des Topfes sollte alle 2-3 Tage von unten gegossen werden. In den Wintermonaten
sollte die Pflanze eher trocken gehalten werden.
Der Wurzelballen darf dabei aber auf keinen Fall
austrocknen. Sie sollten die Pflanze nicht mit Wasser einsprühen oder mit einem feuchten Tuch ab-
wischen, da es zu Verfärbungen der Blätter und
Fäulnis führen kann.

3.5.4 Geldbaum

Der Geldbaum ist eine sehr robuste Blattsukku-
lente. In den Blättern und auch im Spross spei-
chert sie Wasser und kann so überleben, auch
wenn mal vergessen wird, sie zu gießen. Der Geldbaum oder auch Pfennigbaum genannt, gehört zur
Familie der Dickblattgewächse (Crassulaceae).
Das größte Verbreitungsgebiet des Geldbaums
liegt im südlichen Afrika.

Im Herbst können sich kleine weiße Blüten am Geldbaum ausbilden. Sobald diese anfangen, zu welken, sollten sie abgeschnitten werden. Die fleischigen Blätter sind grün mit roten Färbungen an den Blatträndern und am Stiel. Wenn die Pflanze buschiger wachsen soll, können die Triebe abgeschnitten werden, damit Verzweigungen begünstigt wachsen können. Je nachdem, wie dicht die Pflanze gewachsen ist, kann von oben oder von unten gegossen werden. Das Substrat sollte vor dem nächsten Gießen antrocknen. Der Geldbaum reagiert sehr empfindlich auf Nässe, daher sollte die Pflanze lieber seltener, aber dafür viel gegossen werden. Ein gründliches Durchwässern alle 5-6 Tage reicht dem Geldbaum aus. Im Winter sollte sehr sparsam gegossen werden. Es sollte nur gerade so viel gegossen werden, dass die Blätter nicht schlaff und runzelig werden.

Der Geldbaum kann in schattigen Ecken stehen, bevorzugt jedoch einen hellen Platz auf der Fensterbank oder auf dem Tisch mit 2-3 Sonnenstunden am Tag.

3.6 LUFTERFRISCHER

Pflanzen produzieren bei der Photosynthese Sauerstoff, der als Abfallstoff an die Umwelt abgegeben wird (siehe S. 5). Einige Pflanzen können zusätzlich Schadstoffe aus der Luft filtern, die beispielsweise durch Elektrogeräte abgegeben werden. Diese natürlichen Lufterfrischer empfehlen sich besonders in Wohnräumen, Schlaf- und Arbeitszimmern.

3.6.1 Grünlilie

Die Grünlilie ist sehr pflegeleicht und kann auch bei minimaler Pflege für eine saubere Luft sorgen. Die Grünlilie ist eine Art in der Familie der Spargelgewächse (Asaragaceae). Sie kommt ursprünglich aus Afrika, ist aber als Zimmerpflanze in Deutschland schon lange kultiviert. Der Spross der Pflanze ist sehr kurz, weswegen er meist von den in Rosetten stehenden Laubblättern überdeckt wird. Die langen Laubblätter weisen entlang der Blattmitte eine hellgrüne bis gelbliche Färbung auf. An den äußeren Seiten sind sie (dunkel)grün. Einige Arten können vollständig grüne Laubblätter ausbilden.

Ältere Pflanzen bilden überhängende Blüten-stiele mit kleinen, weißen Blüten aus. Wenn diese unerwünscht sind, können sie an der Blütenstiel-basis abgeschnitten werden. Während des Wachs-tums im Frühjahr und Sommer sollte das Substrat feucht, aber nicht zu nass gehalten werden. Die Grünlilie verträgt Trockenheit besser als Nässe, da es durch einen zu nassen Boden schnell zu Fäulnis kommen kann. Gießen Sie die Grünlilie alle 3-4 Tage reichlich. Im Winter sollte das Substrat zwi-schen dem Gießen leicht antrocknen, wobei der Wurzelballen niemals austrocknen darf. Die Grünlilie kommt mit viel hellem Licht, aber auch mit halbschattigen und schattigen Plätzen zurecht. Im Winter sollte sie eher hell stehen, damit die Färbung der Blätter beibehalten wird. Direkte Sonne sollte vermieden werden, da die Blätter ver-brennen können.

Geknickte Blätter können mit einer geeigne-ten Schere an der Blattbasis abgeschnitten wer-den. Wenn die Blätter mit braunen Blattspitzen versehen sind, ist die Luftfeuchtigkeit oder das Substrat zu trocken. Die verwelkten Blattspitzen können abgeschnitten werden, dabei sollte möglichst wenig von den gesunden Pflanzenzellen verletzt werden.

3.6.2 Goldene Efeutute

Die Efeutute gehört zur Familie der Aronstabgewächse (Araceae). Sie sind sehr pflegeleicht, müssen aber regelmäßig gestutzt werden, da sie Triebe ausbilden, die bis zu 2 m lang werden können. Die Goldene Efeutute ist eine Kletterpflanze. Sie klettert an allem hoch und entlang, was in ihrer Umgebung steht und liegt. Um ihr mehr Struktur zu geben, kann ein geeigneter Stab (siehe S. 29f.) in den Topf gesetzt werden, an dem die Pflanze hochklettern kann. Hat die Pflanze keine Halterung in ihrer Nähe, hängen die Triebe hinunter oder sie winden sich umeinander.

Die Blätter weisen eine Herzform auf und haben je nach Lichtintensität ein helleres oder dunkleres Grün. Einige Individuen weisen gelbe oder gelb gefleckte Blätter auf. Je dicker der Trieb wird, desto größer werden die Blätter, die an diesem hängen. Die Blätter sollten alle 2 Wochen mit einem feuchten Tuch abgestaubt werden, damit die Transpirationsfunktion und die Lichtabsorption sichergestellt sind. Im hellen Licht wächst die Pflanze besonders schnell und die Blätter weisen eine tiefgrüne Farbe auf. Die Efeutute kann aber auch im halbschattigen oder schattigen Wohnbereich stehen.

Im Frühjahr und Sommer sollte das Substrat zwischen dem Gießen antrocknen. Die Efeutute sollte lieber seltener, dafür mehr gegossen werden. Sie können je nach Größe der Pflanze alle 3-4 Tage reichlich gießen. Im Winter benötigen die Pflanzen weniger Wasser. Die Wassermenge kann reduziert werden, wobei darauf geachtet werden sollte, dass die Wurzeln nicht trocken liegen.

Die Triebe können im Herbst stark zurückgeschnitten werden. Für besonders glänzende Blätter kann im Sommer ein Blattdünger verwendet werden.

4 Nachwort

Zimmerpflanzen zu halten, muss keine schwierige Aufgabe sein, wenn Sie die Bedürfnisse der Pflanze beachten und sich darüber im Klaren sind, ob Sie diese Bedürfnisse erfüllen können. Haben Sie sich bereits im Voraus darüber informiert, welche Pflanze was benötigt und welche Pflanze zu Ihren Wünschen passt, sollte es zu keinen Schwierigkeiten kommen. Pflanzen müssen auch in der Natur schwierige Phasen überleben und sind robuster, als man zunächst vielleicht denken mag. Solange Sie Ihre Pflanze beobachten und die Umstände ändern, falls Ihnen beispielsweise Farbveränderungen der

Blätter auffallen, werden Sie mit Ihrer Pflanze lange einen grünen Mitbewohner haben. Scheuen Sie außerdem nicht davor zurück, sich im Internet oder im Fachhandel Hilfe zu suchen, falls Sie sich unsicher sind, was die Pflege und Haltung Ihrer Pflanze angeht.

Ich hoffe, ich konnte Ihnen neben den biologisch-faktischen Informationen auch einige Tipps und Tricks zur Pflanzenpflege und -haltung geben. Ich freue mich, wenn Sie Mut fassen und Ihr Leben etwas grüner gestalten.

Herstellung und Verlag:

BoD – Books on Demand, Norderstedt

ISBN: 9783756861316

© Katharina Reeder 2022

1. Auflage

Kontakt: Psiana eCom UG/ Berumer Str. 44/ 26844 Jemgum

Covergestaltung: Fenna Larsson

Coverfoto: depositphotos.com